No se permite la reproducción total o parcial de esta obra, ni su incorporación a un sistema informático, ni su transmisión en cualquier forma o por cualquier medio (electrónico, mecánico, fotocopia, grabación u otros) sin autorización previa y por escrito de los titulares del copyright. La infracción de dichos derechos puede constituir un delito contra la propiedad intelectual.
¿Conoces a tu pareja? © Grete Books, 2023

¿CONOCES (DE VERDAD) A TU PAREJA?

* ¿CUÁL ES SU NOMBRE COMPLETO?

  ✓ ✓
  ✗ ✗

* ¿CÓMO SE LLAMA SU MADRE?

  ✓ ✓
  ✗ ✗

* ¿CÓMO SE LLAMA SU PADRE?

  ✓ ✓
  ✗ ✗

* ¿LE GUSTAN LOS PARQUES DE ATRACCIONES?

  ✓ ✓
  ✗ ✗

✱ ¿DÓNDE VERANEABA DE PEQUEÑ@?

✱ ¿EN QUÉ CIUDAD NACIÓ?

✱ ¿EN QUÉ MES Y DÍA NACIÓ?

✱ ¿EN QUÉ AÑO NACIÓ?

?

✹ ¿CUÁL ES EL NOMBRE DE SU MASCOTA (SI ES QUE TIENE)?

✓ ✓
✗ ✗

✹ ¿CUÁL ES EL LUGAR DEL MUNDO QUE MÁS LE GUSTARÍA VISITAR?

✓ ✓
✗ ✗

✹ ¿SE DUCHA POR LAS MAÑANAS O POR LAS NOCHES?

✓ ✓
✗ ✗

✹ ¿CUÁL ES SU COMIDA FAVORITA?

✓ ✓
✗ ✗

- ¿QUÉ COSA ODIA COMER?

- ¿DE QUÉ EQUIPO DE FUTBOL ES?

- ¿SUS AMIG@S LE HAN PUESTO ALGÚN MOTE?

- ¿CÓMO LE LLAMA SU FAMILIA CARIÑOSAMENTE?

❋ ¿PERTENECE A ALGUNA RELIGIÓN?

✓   ✓
✗   ✗

❋ ¿CUÁL ES SU SERIE FAVORITA DE TODA LA VIDA?

✓   ✓
✗   ✗

❋ ¿TIENE TATUAJES?

✓   ✓
✗   ✗

❋ ¿CUÁL ES SU SIGNO ZODIACAL?

✓   ✓
✗   ✗

?

✳ ¿CUÁL ES SU COLOR FAVORITO?

✓　　　　　　✓
✗　　　　　　✗

✳ ¿CUÁL ES SU ANIMAL FAVORITO?

✓　　　　　　✓
✗　　　　　　✗

✳ ¿LE GUSTAN MÁS LOS PERROS O LOS GATOS?

✓　　　　　　✓
✗　　　　　　✗

✳ ¿CUÁL ES SU CANTANTE O BANDA FAVORITOS?

✓　　　　　　✓
✗　　　　　　✗

✴ ¿LE HAN HECHO ALGUNA CIRUGÍA?

✴ ¿CUÁL FUE SU PRIMER EMPLEO?

✴ SI NO HA TENIDO HIJOS, ¿LE INTERESA TENERLOS?

✴ ¿CUÁL ES SU POSESIÓN MÁS PRECIADA?

?

✺ ¿SE LLEVA BIEN CON TODOS SUS HERMAN@S?

✓   ✓
✗   ✗

✺ ¿CUÁL ES SU BEBIDA FAVORITA?

✓   ✓
✗   ✗

✺ ¿HACE EJERCICIO?

✓   ✓
✗   ✗

✺ ¿CUÁL ES SU PELÍCULA FAVORITA?

✓   ✓
✗   ✗

✱ ¿EN QUIÉN LE GUSTARÍA REENCARNARSE?

✱ ¿CUÁL ES SU PLAN DENTRO DE CINCO AÑOS?

✱ ¿CUÁL ES EL MOMENTO MÁS TRISTE DE SU VIDA?

✱ ¿CUÁL ES EL MOMENTO MÁS FELIZ DE SU VIDA?

✳ ¿QUIERE MÁS A SU PADRE O A SU MADRE?

✓ ✓
✗ ✗

✳ ¿CUÁL ES SU PIZZA FAVORITA?

✓ ✓
✗ ✗

✳ ¿CUÁL ES SU PEOR TRAUMA?

✓ ✓
✗ ✗

✳ ¿CUÁL ES SU RESTAURANTE FAVORITO?

✓ ✓
✗ ✗

?

✹ ¿ES MÁS DE DULCE O DE SALADO?

✹ ¿QUÉ ESTUDIA O ESTUDIÓ?

✹ ¿CUÁL ES SU ESTACIÓN DEL AÑO FAVORITA?

✹ ¿LE GUSTA CELEBRAR SU CUMPLEAÑOS?

✱ ¿QUÉ LE GUSTA TOMAR CUANDO SALE DE FIESTA?

✱ ¿QUÉ NÚMERO DE PIE CALZA?

✱ ¿QUÉ PARTE LE GUSTA MÁS DE SU CUERPO?

✱ ¿CUÁL ES LA PARTE QUE MENOS LE GUSTA?

❓

✳ ¿SABES QUÉ OPINA SOBRE LA PIZZA CON PIÑA?

✔   ✔
✘   ✘

✳ ¿LE GUSTA BAILAR?

✔   ✔
✘   ✘

✳ ¿LE GUSTA LEER?

✔   ✔
✘   ✘

✳ ¿CUÁL ES SU RED SOCIAL FAVORITA?

✔   ✔
✘   ✘

- ¿CUÁL SERÍA EL TRABAJO DE SUS SUEÑOS?

  ✓ ✓
  ✗ ✗

- ¿CUÁL ES LA CANCIÓN QUE NO PUEDE DEJAR DE ESCUCHAR EN ESTOS MOMENTOS?

  ✓ ✓
  ✗ ✗

- ¿CREE EN DIOS?

  ✓ ✓
  ✗ ✗

- ¿CREE EN LOS FANTASMAS?

  ✓ ✓
  ✗ ✗

✳ ¿CREE EN LOS EXTRATERRESTRES?

✓ ✓
✗ ✗

✳ CUANDO ERA NIÑ@, ¿QUÉ QUERÍA SER DE MAYOR?

✓ ✓
✗ ✗

✳ ¿CÓMO SE LLAMA EL AMIGO O AMIGA QUE HA TENIDO POR MÁS TIEMPO?

✓ ✓
✗ ✗

✳ ¿ES UNA PERSONA SUPERSTICIOSA?

✓ ✓
✗ ✗

❋ ¿CUÁL ES SU NÚMERO DE TELÉFONO?

✓   ✓
✗   ✗

❋ ¿QUIÉN ES LA PERSONA MÁS IMPORTANTE DE SU VIDA? (APARTE DE TI)

✓   ✓
✗   ✗

❋ ¿QUÉ ASIGNATURA SE LE DABA PEOR EN EL COLEGIO?

✓   ✓
✗   ✗

❋ ¿PUEDES NOMBRAR A DOS DE SUS MEJORES AMIGOS?

✓   ✓
✗   ✗

❓

✹ ¿QUÉ ROPA LLEVABA CUANDO OS CONOCÍSTEIS?

✓   ✓
✗   ✗

✹ ¿PUEDES NOMBRAR UNA DE SUS AFICIONES?

✓   ✓
✗   ✗

✹ ¿A QUÉ TENSIONES SE ENFRENTA ACTUALMENTE?

✓   ✓
✗   ✗

✹ ¿CUÁNDO ES VUESTRO ANIVERSARIO?

✓   ✓
✗   ✗

* ¿CUÁL ES SU MAYOR SUEÑO NO REALIZADO?

* ¿CUÁL ES SU FLOR FAVORITA?

* ¿CUÁL ES UNO DE SUS MAYORES MIEDOS?

* ¿CUÁL ES SU HORA DEL DÍA FAVORITA PARA HACER EL AMOR?

✸ ¿EN QUÉ SE SIENTE MÁS COMPETENTE?

✸ ¿QUÉ LE EXCITA SEXUALMENTE?

✸ ¿COLABORA CON ALGUNA ONG?

✸ ¿EN QUÉ QUIERE MEJORAR PERSONALMENTE?

✱ ¿QUÉ REGALOS LE GUSTAN MÁS?

✱ ¿PUEDES CONTAR ALGUNA DE SUS EXPERIENCIAS DE INFANCIA?

✱ ¿DÓNDE PREFIERE IR DE VACACIONES?

✱ ¿QUIÉN ES SU MAYOR FUENTE DE APOYO, APARTE DE TI?

✸ ¿CUÁL ES SU DEPORTE FAVORITO?

　✓　　　　　　　✓
　✗　　　　　　　✗

✸ ¿HA DONADO SANGRE ALGUNA VEZ?

　✓　　　　　　　✓
　✗　　　　　　　✗

✸ ¿CUÁL ES SU ACTIVIDAD FAVORITA LOS FINES DE SEMANA?

　✓　　　　　　　✓
　✗　　　　　　　✗

✸ ¿CUÁL ES SU LUGAR PREFERIDO PARA UNA ESCAPADA?

　✓　　　　　　　✓
　✗　　　　　　　✗

❓

✹ ¿QUIÉN ERA SU MEJOR AMIGO EN LA INFANCIA?

✓   ✓
✗   ✗

✹ ¿CUÁL ES SU PRENDA DE ROPA FAVORITA?

✓   ✓
✗   ✗

✹ ¿TIENE RIVALES O ENEMIGOS? ¿QUIÉN?

✓   ✓
✗   ✗

✹ ¿CUÁL ES EL PARIENTE QUE MENOS LE GUSTA?

✓   ✓
✗   ✗

✱ ¿CUÁL ES SU PROGRAMA FAVORITO DE TELEVISIÓN?

✱ ¿QUÉ LADO DE LA CAMA PREFIERE?

✱ ¿QUÉ LE PONE TRISTE?

✱ ¿CUÁL FUE EL MOMENTO EN QUE PASÓ MÁS VERGÜENZA?

?

✳ DE TODAS LAS PERSONAS QUE LOS DOS CONOCEN, ¿QUIÉN LE CAE PEOR?

✓ ✓
✗ ✗

✳ ¿CUÁL ES SU POSTRE FAVORITO?

✓ ✓
✗ ✗

✳ ¿CÓMO SE LLAMAN SUS HERMAN@S?

✓ ✓
✗ ✗

✳ ¿TIENE ALGUNA ALERGIA?

✓ ✓
✗ ✗

❓

✸ ¿SE LE DA BIEN CUIDAR LAS PLANTAS?

✔
✘

✔
✘

✸ ¿QUÉ VIAJE LE HA MARCADO MÁS?

✔
✘

✔
✘

✸ ¿VOLVERÍA A ESTUDIAR LO MISMO QUE ESTUDIÓ?

✔
✘

✔
✘

✸ ¿ESTARÍA DISPUEST@ A VIVIR FUERA DE SU CIUDAD/PAÍS?

✔
✘

✔
✘

✺ ¿DE QUÉ SE ARREPIENTE EN SU VIDA?

✓ ✓
✗ ✗

✺ ¿EN QUÉ POSICIÓN DUERME?

✓ ✓
✗ ✗

✺ ¿ESTÁ A FAVOR DE LA EUTANASIA?

✓ ✓
✗ ✗

✺ ¿CUÁL ES SU FANTASÍA SEXUAL?

✓ ✓
✗ ✗

✸ ¿QUÉ ES LO QUE MÁS LE HACE ENFADAR?

✓ ✓
✗ ✗

✸ ¿CUÁL ES SU ESTACIÓN FAVORITA DEL AÑO?

✓ ✓
✗ ✗

✸ ¿LE GUSTA EL PICANTE EN LAS COMIDAS?

✓ ✓
✗ ✗

✸ ¿ES AHORRADOR/A?

✓ ✓
✗ ✗

✺ ¿CUÁL ES SU CUARTO APELLIDO?
✓   ✓
✗   ✗

✺ ¿CUÁL ES LA MARCA DE SU DESODORANTE?
✓   ✓
✗   ✗

✺ ¿CÓMO SE LLAMA SU JEFE DIRECTO?
✓   ✓
✗   ✗

✺ ¿HA VOLADO EN UNA AVIONETA ALGUNA VEZ?
✓   ✓
✗   ✗

❋ ¿QUÉ GESTO INCONSCIENTE REVELA QUE ESTÁ A DISGUSTO?

✓ ✓
✗ ✗

❋ ¿QUÉ LE ENCANTA QUE NUNCA RECONOCERÍA PÚBLICAMENTE?

✓ ✓
✗ ✗

❋ ¿CUÁL ES SU CANCIÓN FAVORITA?

✓ ✓
✗ ✗

❋ ¿QUÉ SABOR DE HELADO PREFIERE?

✓ ✓
✗ ✗

?

✹ ¿POR QUÉ CELEBRIDAD SIENTE UN FLECHAZO?

✓ ✓
✗ ✗

✹ ¿BEBE CAFÉ? ¿CÓMO LE GUSTA?

✓ ✓
✗ ✗

✹ ¿CUÁL ES SU NOCHE DE CITA IDEAL?

✓ ✓
✗ ✗

✹ ¿CUÁL ES SU MANERA PREFERIDA PARA RELAJARSE?

✓ ✓
✗ ✗

❓

✸ ¿CÓMO SE SIENTE CON RESPECTO A LAS DEMOSTRACIONES PÚBLICAS DE AFECTO?

✓ ✓
✗ ✗

✸ ¿LE GUSTA COCINAR?

✓ ✓
✗ ✗

✸ ¿QUÉ SUPERPODERES DESEARÍA TENER?

✓ ✓
✗ ✗

✸ SI PUDIERA CONOCER A ALGUIEN EN ESTE MUNDO, VIVO O MUERTO, ¿A QUIÉN ESCOGERÍA?

✓ ✓
✗ ✗

✱ ¿CREÍA EN LOS REYES MAGOS O EN PAPÁ NOEL?

✱ ¿CUÁL ERA SU JUGUETE FAVORITO DE NIÑ@?

✱ ¿CUÁL ES SU PINTOR PREFERIDO?

✱ ¿CUÁL ES SU PESADILLA MÁS RECURRENTE?

✷ ¿CREE EN LA REENCARNACIÓN?

✓   ✓
✗   ✗

✷ ¿QUÉ ES LO QUE LE DA MÁS VERGÜENZA HACER?

✓   ✓
✗   ✗

✷ ¿LEE EL HORÓSCOPO?

✓   ✓
✗   ✗

✷ ¿LE EXPULSARON ALGUNA VEZ DEL COLEGIO?

✓   ✓
✗   ✗

* ¿LE GUSTARÍA VIAJAR A OTROS PLANETAS?

  ✓ ✓
  ✗ ✗

* ¿ESTÁ CONTENT@ CON SU FÍSICO?

  ✓ ✓
  ✗ ✗

* ¿PODRÍA VIVIR EN EL CAMPO?

  ✓ ✓
  ✗ ✗

* ¿TIENE ALGUNA CICATRIZ?

  ✓ ✓
  ✗ ✗

✱ ¿TIENE ALGUNA MANÍA?

✓ ✓
✗ ✗

✱ ¿SUS CAJONES SUELEN ESTAR ORDENADOS?

✓ ✓
✗ ✗

✱ ¿CUÁL ES SU DISCO FAVORITO?

✓ ✓
✗ ✗

✱ ¿SABE CANTAR O DESAFINA MUCHO?

✓ ✓
✗ ✗

✹ ¿DÓNDE LE GUSTARÍA ENVEJECER?

✓ ✓
✗ ✗

✹ ¿TUVO MASCOTAS DE PEQUEÑ@?

✓ ✓
✗ ✗

✹ ¿QUÉ GENERO DE PELÍCULA ODIA?

✓ ✓
✗ ✗

✹ ¿CUÁL ES SU OLOR FAVORITO?

✓ ✓
✗ ✗

✳ ¿CUÁL ES SU MAYOR INSEGURIDAD?

✓   ✓
✗   ✗

✳ ¿CUÁL ES SU NÚMERO FAVORITO?

✓   ✓
✗   ✗

✳ ¿HA SALVADO LA VIDA DE ALGUIEN?

✓   ✓
✗   ✗

✳ ¿CUÁL ES SU ROL EN EL GRUPO DE AMIG@S?

✓   ✓
✗   ✗

✺ ¿QUÉ LE GUSTA DESAYUNAR?

✓   ✓
✗   ✗

✺ ¿ES UNA PERSONA ROMÁNTICA?

✓   ✓
✗   ✗

✺ ¿LE HUBIESE GUSTADO NACER EN OTRA ÉPOCA?

✓   ✓
✗   ✗

✺ ¿ES MÁS DE LEER O DE VER LA TELEVISIÓN?

✓   ✓
✗   ✗

✳ ¿HA VIAJADO EN BARCO?

✓   ✓
✗   ✗

✳ ¿SE HA LEÍDO EL QUIJOTE?

✓   ✓
✗   ✗

✳ ¿LE GUSTA LA MÚSICA CLÁSICA?

✓   ✓
✗   ✗

✳ ¿HA SALIDO POR LA TELEVISIÓN?

✓   ✓
✗   ✗

✸ ¿TIENE ALGUNA FOBIA? SI ES ASÍ, ¿CUÁL?

✓   ✓
✗   ✗

✸ ¿HA VIVIDO EN EL EXTRANJERO?

✓   ✓
✗   ✗

✸ ¿HA CONOCIDO A SU BISABUELO O BISABUELA?

✓   ✓
✗   ✗

✸ ¿QUÉ ES LO QUE MÁS LE SACA DE QUICIO DE LA GENTE?

✓   ✓
✗   ✗

www.ingramcontent.com/pod-product-compliance
Lightning Source LLC
LaVergne TN
LVHW041640070526
838199LV00052B/3482